AF224489

LA VÉRITÉ

DEVANT

LE SCRUTIN NATIONAL

AUX OUVRIERS
des Villes et des Campagnes

LA VÉRITÉ

DEVANT

LE SCRUTIN NATIONAL

PAR

CHRISTIAN FYNNA

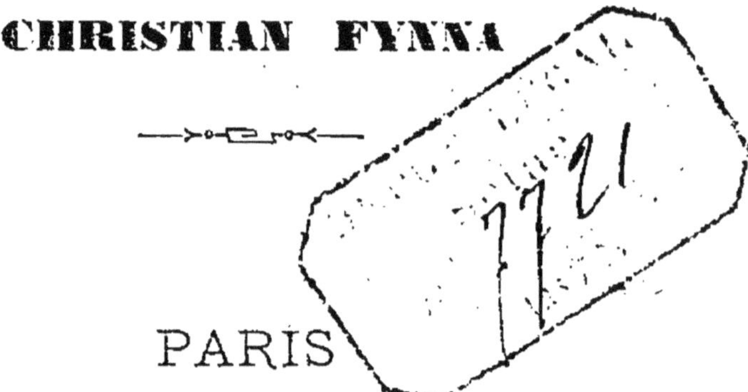

PARIS

E. LACHAUD

4, PLACE DU THÉATRE-FRANÇAIS

1875

LA VÉRITÉ

Ouvriers des villes et des campagnes !

C'est à vous que ces lignes s'adressent ; c'est à votre cœur, à votre esprit du juste, à votre intelligence, à votre loyauté et à votre patriotisme qu'il est fait appel pour juger les hommes qui, pour assouvir leur soif du pouvoir, ont marché à pieds joints sur votre droit le plus sacré.

Au moment où la grande lutte électorale va s'ouvrir, il est du devoir de tout ce qui sait tenir une plume de vous éclairer sincèrement et de vous exposer les faits tels qu'ils se sont passés, et ce, sans esprit de haine contre tel ou

el homme, afin de vous permettre d'apprécier
t de commenter les actes de chacun de ceux
ui prétendentdéfendre les droits du peuple, tra-
ailler à améliorer la position des classes labo-
ieuses et enfin donner au pays une adminis-
ration exempte de tout reproche.

D'ici quelques semaines, vous allez entendre
. nouveau de magnifiques discours par les-
uels on vous démontrera que l'on a protégé et
léfendu le Gouvernement de la République
arce qu'il est VÔTRE; que l'Industrie et le
Commerce n'ont jamais été aussi encouragés
t soutenus que par les nouvelles lois; que les
ecettes budgétaires sont augmentées considé-
ablement, et que, même pendant les années
es plus florissantes de l'Empire, les excédants
le recettes n'ont atteint un chiffre aussi élevé;
n voudra même vous prouver que l'agricul-
ure n'a jamais mieux tiré partie de ses récol-
es, qu'en aucun temps les fabriques n'ont
roduit autant que depuis l'existence du gou-
ernement QUE VOUS VOUS ÊTES DONNÉ VOUS-MÈ-
IES LE 4 SEPTEMBBE 1870.

Pour être Sénateur ou Député on ne saura jamais assez trouver de belles phrases pour vous prouver que, à aucune époque, vous n'avez été aussi favorisés sous le rapport des salaires et des travaux; on vous exposera combien la nouvelle *loi sur l'armée* est supérieure à celle sur la *Garde mobile*, puisque vos enfants ne serviront que cinq ans au lieu de neuf, comme le voulait ce gouvernement despotique et tyrannique auquel on ne saurait trop imputer les causes des souffrances morales et physiques dont les coups se font encore sentir.

On vous prouvera que les impôts considérables existant aujourd'hui sont les conséquences des fautes commises par l'Empereur et sa déplorable administration.

Avant de vous donner une revue rétrospective de tout ce qui a été entrepris par cette fraction du Corps législatif qui s'intitulait *Gauche*, depuis le jour où Napoléon III fit la première concession : LA LIBERTÉ DONNÉE A LA PRESSE (2 novembre 1859), permettez-moi de vous demander si les hommes du 4 Septembre, comme l'histoire les appellera, et leurs amis, ont montré un dévouement absolu aux classes laborieuses, qu'ils flattent si facilement, en préparant la loi sur l'armée, et si les mots D'ÉGALITÉ ET DE FRATERNITÉ ont été de quelque valeur dans le vote de cette loi qui autorise ceux qui, par leur fortune, ont pu donner de l'instruction à leurs enfants, à verser une somme de *quinze cents francs* pour ne faire *qu'une année de présence sous les drapeaux*, pendant que les fils de ceux qui n'ont pu s'imposer ces sacrifices, *sont obligés à cinq années de présence.*

EST-CE DE L'ÉGALITÉ ? — EST-CE DE LA FRATERNITÉ ?

Les hommes, sous ce Gouvernement qui s'intitule *Républicain*, sont-ils donc ainsi égaux devant la loi ?

Moi, comme Français et comme Bonapartiste, cette loi m'afflige, car je me souviens avec orgueil que si, dans la Garde mobile, il était impossible de se faire remplacer, on le devait à M. Eugène Berger, député de Maine-et-Loire, dont le dévouement à la cause impériale est des plus connus. Je me rappelle encore avec joie ce discours où il déclarait que chacun devait acquitter sa dette à la Nation, et qu'il serait honteux pour le Corps législatif d'admettre le remplacement pour le service de la Garde mobile.

Oui, ce langage a été tenu par un Bonapartiste !

Ceci dit, passons aux faits et actes de cette fraction qui s'appelait *l'Opposition*.

Dès 1860, Messieurs de l'Opposition ne laissèrent plus un acte du Gouvernement impérial sans l'incriminer et même le plus souvent sans en dénaturer complétement le sens ; dans les élections, ils faussèrent l'esprit des électeurs par des attaques mal fondées pour ne pas dire mensongères ; ils n'eurent pas assez d'invectives contre les candidats qui déclaraient vouloir soutenir et défendre l'Empire.

Chaque année les attaques les plus acerbes furent dirigées contre le budget ; la guerre et la marine ne cessèrent d'être en butte aux demandes de réductions, et l'on ne recula pas devant une demande de désarmement.

En 1862, à l'occasion de la guerre du Mexique, lorsque l'Angleterre, l'Espagne et la France voulurent rentrer dans ce qui leur était dû par cette nation, quelles ne furent pas les invectives déversées contre le Gouvernement et surtout contre l'Empereur ? On ne chercha jamais à connaître le véritable motif qui guidait Napoléon à s'associer à cette expédition ; on ne voulut voir et faire voir au pays que les lourdes charges qui allaient peser sur la France, pour dépopulariser le chef de l'État dont le libéralisme était un obstacle aux projets des hommes de la Gauche.

On se souvient qu'à peine les hostilités commencées, l'Angleterre et l'Espagne renoncèrent à cette expédition, qui pouvait durer plusieurs années. La France resta seule pour défendre ses intérêts et pour secourir un peuple exposé constamment aux cruautés des guerres civiles et aux pillages des Indiens.

Que devait faire l'Empereur ?

S'il suivait l'exemple donné par l'Angleterre et l'Espagne, les hommes de la gauche crieraient que la France est assez riche pour poursuivre seule cette entreprise où l'honneur et les intérêts du pays sont engagés.

L'Empereur, convaincu de l'hostilité des membres de l'opposition, poursuivit l'expédition avec la pensée, si la fortune des armes lui était favorable, de créer de nombreux comptoirs qui seraient alimentés par notre industrie et par notre commerce, seul moyen pour la France de lutter avantageusement contre l'influence anglaise dans les Amériques et dans les Indes.

La fortune des armes nous ayant été contraire, les excellentes pensées impériales ne purent se réaliser, et il n'y eut pas assez de honteux mensonges pour dépopulariser un souverain dont l'unique pensée était *la gloire et la grandeur de la France*.

En 1866, lors de la guerre entre la Prusse et l'Autriche, quelle fut la conduite de Messieurs de l'Opposition ? Ces hommes, qui ne cherchaient que les moyens de déconsidérer le gouvernement impérial, ne reculèrent devant aucune attaque et, par la voie de leurs journaux, sur-

excitèrent la fibre nationale par des récrimi-
nations sans nom se terminant toujours par ces
fameux mots : SADOWA ! SADOWA !

En 1867, à l'occasion de l'Exposition univer-
selle qui amena à Paris presque tous les sou-
verains du monde, messieurs de l'opposition
jetèrent les hauts cris contre les demandes de
crédits supplémentaires ; mais ils se gardèrent
bien de parler dans leurs journaux des sommes
considérables laissées en France par l'étranger,
et de l'influence sans exemple, et disons même
sans prévisions, que notre nation allait exercer
non-seulement en Europe, mais dans le monde
entier.

Messieurs de l'Opposition se sont bien gardés
de faire connaître au commerce, à l'industrie, à
l'agriculture et aux arts la grandeur du triomphe
de la France dans cette lutte des intelligences et
du travail. Une semblable conduite aurait atté-
nué, pour ne pas dire effacé, les fautes dont ils
accusaient le Gouvernement, et surtout le chef
de l'État, dont le maintien au pouvoir paralysait
toutes leurs combinaisons révolutionnaires.

En 1868, au mois de mai, la veille du jour d
la lecture du projet définitif de la loi créar
deux caisses d'assurance, l'une en cas de déce
et l'autre en cas d'accidents résultant des travau
agricoles et industriels, plusieurs membres d
la gauche, entre autres MM. Jules Favre, Erne:
Picard et Hénon, pénétrèrent dans la commis
sion et déclarèrent à M. Beauverger, rapporteu
que si l'on retranchait du rapport ces mots : C
PROJET DE LOI DU A LA GÉNÉREUSE INITIATIVE D
L'EMPEREUR ; ils voteraient et feraient vote
toute l'opposition pour cette loi, sinon ils l
combattraient au point de vue moral.

M. le baron de Beauverger leur répondit
JE NE RETRANCHERAI RIEN DE MON RAPPORT ; DI
CETTE FAÇON LE PEUPLE VOUS JUGERA ET SAUR
OU SE TROUVENT SES AMIS. (*La loi fut votée à
l'unanimité.*)

Cette même année, M. le maréchal Niel, de
concert avec l'Empereur, présenta au Corps
Législatif le projet de loi sur la Garde mobile :
projet essentiellement démocratique, qui avait
pour but d'arriver, à un moment donné, à di-

minuer le contingent de l'armée, et à posséder, en cas de guerre, un ou deux millions d'hommes capables de défendre le pays et de soutenir la gloire et l'honneur de la France.

Ce projet fut l'objet d'attaques sans nom; la mauvaise foi y joua un rôle considérable, parce qu'il fallait à tout prix ne pas laisser aux masses des villes et des campagnes le temps de se rendre compte des avantages que cette loi pouvait offrir et des garanties de paix qu'elle pouvait donner à la France.

On cria à l'Agriculture, au Commerce, à l'Industrie, que les impôts allaient être considérablement augmentés pour faire face à ces nouvelles charges.

Aux classes laborieuses, on leur déclara que leurs enfants seraient désormais condamnés à neuf ans de services militaires et qu'ils ne pourraient plus se marier avant l'âge de trente ans, et encore seraient-ils exposés à être rappelés sous les drapeaux.

On profita de cette loi pour exiger (*déjà on ne demandait plus; les exagérations débitées*

contre la loi sur la Garde Mobile avaient fait ga-
gner un terrain immense à l'opposition) la réduction de l'armée, du budget et de l'appel pour
l'année 1869.

Dès janvier 1869, les journaux dits démocra-
tiques déclarèrent qu'il fallait exiger des candidats à la députation, lors des nouvelles élections,
l'engagement de réclamer la diminution du
budget, la réduction immédiate de l'armée et la
nomination d'une commission de contrôle des
finances, qui se trouvaient dans une situation
déplorable, touchant presque à la banqueroute.
Il y a eu des candidats qui ont été jusqu'à prouver aux masses des campagnes que les quatre-
vingt-dix centièmes d'un budget communal
étaient absorbés par l'Etat, c'est-à-dire pour
payer l'armée, la marine et le luxe de l'Empereur, — de tels candidats, ignorants ou peu
honnêtes, ont pourtant été nommés députés.

Dans les grands centres industriels et commerciaux, on surexcita les classes ouvrières par
des mensonges plus grossiers encore : on pro-
voqua des attroupements, afin que la police,

poussée à bout, fît des arrestations, ce qui permettait alors de crier contre le despotisme et de prouver au peuple qu'il était un véritable martyr, exposé du matin au soir à la brutalité des agents d'un pouvoir odieux.

Les choses ne marchant pas assez vivement au gré de ces messieurs de l'opposition, on prépara d'une façon obscure l'affaire d'Auteuil, ce qui permit à M. Rochefort et à ses amis une de ces manifestations comme on n'en avait jamais vu.

Lors du plébiscite, on exigea du gouvernement la publication indicative des votes : électeurs civils, électeurs armés, électeurs marins, ce qui donnait à l'étranger la force numérique de nos armées de terre et de mer.

Pour la déclaration de guerre, ces députés qui, par leurs interpellations continuelles et par les cris de leurs journaux, avaient surexcité la population, eurent le soin de voter contre, en déclarant que le pays n'était pas prêt et que la guerre était une monstruosité qui devait disparaître de nos mœurs.

Ces messieurs savaient bien que leurs doc
trines subversives avaient pénétré dans le
rangs de l'armée tant par la voie des journau
que par les écrits qu'ils faisaient parvenir, a
moyen d'agents salariés, dans toutes les ca
sernes, et que l'indiscipline, de jour en jou
faisait des progrès considérables, surtout che
les sous-officiers, auxquels on persuadait qu'il
avaient bien plus de capacités que leurs officiers

Aussi, toutes ces honteuses manœuvres réus
sirent-elles à désaffectionner le Gouvernemen
parmi les masses et à jeter dans toutes le
classes de la société une sorte de crainte qu
paralysa l'initiative des hommes de cœur et fi
fuir les timorés.

Ces mêmes hommes, lorsque les revers frap
pèrent la France, eurent tous les jours des
réunions pour préparer les moyens de leu
succès dans le cas d'une défaite complète de
nos armées.

Leurs dispositions étaient si bien prises que,
lors de l'affreuse nouvelle, ils se distribuèrent
immédiatement les postes les plus importants

ans se préoccuper du pays; ils avaient une
elle soif du pouvoir qu'ils ne comprirent pas
un seul instant l'horreur du crime qu'ils com-
mettaient et ne se rendirent pas compte des
désastres dont ils seraient la cause directe et
lesquels ils auraient à répondre un jour devant
e pays et devant le monde entier. — L'histoire
sera sévère pour eux, tant pour le sang versé
inutilement que pour les ruines amenées par
eur crime de lèse-nation.

Le 4 septembre 1870 est la date de la perpé-
ration d'un crime sans précédent dans l'histoire
d'aucun pays, même chez les sauvages, car, dans
es peuplades, lorsque deux tribus sont en
guerre, celui des chefs qui est vainqueur, soit
que son ennemi ait été tué, soit qu'il ait été fait
prisonnier, soit qu'il se soit rendu, fait cesser
les hostilités jusqu'à ce que les autres chefs de
cette tribu aient décidé de la rançon à payer ou
de la continuation de la guerre.

Jamais crime de lèse-nation n'a été plus com-
plet : RENVERSER UN GOUVERNEMENT LORSQUE
L'ENNEMI NOUS ÉTOUFFAIT SOUS SON PIED DE FER ;

Accomplir une révolution semblable et, pour cacher l'énormité de ce crime, jouer le patriotisme en proclamant la guerre a outrance et en versant inutilement le sang le plus pur et le plus généreux de cette belle France, forçant l'ennemi a pénétrer dans le cœur du pays et, par la force des choses, a jeter la ruine, le deuil et la désolation dans toutes ces contrées. Tout cela pour ne pas laisser au pays le temps de juger l'acte du 4 septembre, et pour pouvoir dire sur tous les tons : Toutes ces horreurs sont les conséquences des fautes commises par l'Empereur et par son Gouvernement.

Vous connaissez aujourd'hui ce que sont ces hommes qui se disent républicains et qui à tout propos crient qu'ils veulent le bonheur du peuple et qu'eux seuls connaissent ses besoins ; vous pouvez juger ce qu'ils ont fait pour satisfaire leur orgueil ; vous pouvez juger de ce qu'ils feront pour conserver un pouvoir dont ils se sont emparés en prétendant qu'ils étaient l'expression de la volonté nationale ; ils ont été jusqu'à vouloir vous prouver que vous aviez proclamé la déchéance de l'Empereur et que vous aviez décidé de même, par le suffrage universel, la République comme gouvernement définitif de la France.

Demandez à ces hommes qui prétendent cela de vous faire connaître la date de votre convocation dans les comices et le chiffre exact des suffrages exprimés dans cet appel au Peuple.

Demandez à ces hommes nommés députés sous la pression des baïonnettes étrangères et avec l'interdiction de confier ce mandat aux hommes ayant rempli des fonctions sous le Gouvernement impérial, pourquoi, élus pour traiter de la paix ou de la guerre, ils se sont déclarés constituants, malgré votre volonté, et ont continué un mandat expiré depuis le jour de la signature du traité de paix.

Demandez à ces hommes qui ont accompli l'acte du 4 septembre ce qu'ils ont fait de Paris et de cette admirable population qui, sans proférer une plainte, a supporté un siége de quatre mois, se privant de nourriture pour subvenir à ses plus impérieux besoins et à ceux de plus de quatre-vingt mille réfugiés de départements envahis venus demander asile.

Demandez-leur donc ce qu'ils ont fait de ces cinq cent mille gardes nationaux qui ne demandaient qu'à être exercés pour devenir une armée capable de repousser l'ennemi et de délivrer la capitale et les départements envahis.

Demandez donc à ces hommes qui crient si haut leur dévouement aux intérêts du pays et des populations, pourquoi, après les sacrifices de toute nature que la population s'était imposés, ils ont accordé au Commerce et à l'Industrie un délai de vingt-quatre heures pour payer les traites signées pendant les mois de juillet et d'août 1870, et pourquoi ils ont laissé signifier à tous ceux qui avaient eu recours au Mont-de-Piété qu'un délai de dix jours leur était accordé pour empêcher la vente des objets engagés et dont l'échéance était arrivée.

Demandez à ces grands patriotes pourquoi ils ont abandonné la capitale devant quelques centaines d'émeutiers qui, pour la plus grande majorité, étaient le rebut des autres nations.

Demandez-leur pourquoi, après avoir favorisé l'évasion des principaux chefs de la Commune, ils ont laissé traîner devant les Conseils de guerre en les soumettant à une humiliante promenade de quatre lieues tous ces malheureux qui, pour la plupart, n'avaient servi la Commune que pour donner du pain à leur famille, tout en s'exposant à une mort certaine, car ils n'ignoraient pas que, s'ils refusaient de marcher, ils seraient fusillés par les troupes insurrectionnelles et que, s'ils obéissaient, le même sort les attendait de la part des troupes régulières.

Demandez donc à ces hommes, qui n'ont pas assez de poumons pour prouver leur dévouement au peuple, pourquoi ils ont laissé prononcer toutes ces condamnations à mort, toutes ces déportations et toutes ces condamnations aux travaux forcés contre des êtres qui, bien souvent, n'avaient obéi que contraints et forcés, et demandez-leur si, en raison des circonstances exceptionnelles dans lesquelles le peuple de Paris s'était trouvé après le siége, une amnistie n'aurait pas été plus honorable, car enfin tous ces malheureux n'ont pas été tous assassins et incendiaires.

Demandez-leur pourquoi ils ont rayé du budget une somme de *un million* qui était affectée, chaque année, depuis 1868, à la dotation des Caisses d'assurance en cas de décès et en cas d'accidents résultant de travaux agricoles et industriels, INSTITUTION CRÉÉE SUR L'INITIATIVE PERSONNELLE DE L'EMPEREUR.

Ouvriers des Villes et des Campagnes, examinez sagement tout ce qui précède et voyez si vous devez encore vous laisser prendre par les beaux et grands discours dans lesquels des flatteries vous seront adressées et dans lesquels aussi on voudra vous démontrer combien tout est pour le mieux dans le meilleur des mondes possibles.

Si ces hommes répondent à ces questions avec franchise, nous verrons s'ils oseront encore dire que l'Empire seul est la cause de la perte de l'Alsace et de la Lorraine, de la ruine de plus d'un tiers de la France, et du paiement

une indemnité de frais de guerre de cinq mil-
ards; nous verrons s'ils pousseront l'impu-
nce jusqu'à vouloir attribuer à l'Empire les
cendies de la Commune, comme ils ont voulu
faire pour les tristes journées de juin 1848.
Si ces hommes osaient encore tenir un sem-
able langage, répondez-leur que le temps est
ssé où les électeurs, en passant par le mar-
and de vins, se laissaient mener au scrutin
mme des moutons de Panurge ; dites-leur que
tre dignité se révolte et que vous n'avez pas
blié ces discours par lesquels, en plein Corps
gislatif, on a déclaré que les électeurs des
mpagnes et des faubourgs étaient des machi-
s que l'on menait comme bon semblait.
Mettez-les en demeure de prouver ce qu'ils
t fait pour améliorer la situation du pays et
lle des classes laborieuses, et, une fois en
ssession de ce bilan, examinez ce que ces
mmes ont produit tant pour le pays que pour
us, et rendez-vous compte de la différence
i existe entre leurs actes et ceux de Napo-
on III, de 1853 (décembre) à 1858, même

laps de temps; vous apprécierez alors si les hommes qui sont restés dévoués à la cause impériale méritent toutes les injures dont on les abreuve, et vous comprendrez que leur dévouement est surtout basé sur le bien fait par l'Empereur et sur celui qu'il aurait encore accompli, mais que son fils réalisera si vous jetez seulement un regard vers le passé.

Puisque j'ai prononcé le mot de *passé*, laissez-moi, avant de clore cet article, vous rappeler quelques-uns de ces actes impériaux qui m'ont fait me dévouer de la manière la plus absolue à cet homme dont le but unique était le bien-être des classes laborieuses.

Transformation des grands centres industriels et commerciaux, ce qui a permis à l'air de pénétrer dans les logements insalubres et de fortifier ainsi les organes de ceux qui travaillent.— Concessions de lignes de chemins de fer, permettant à l'agriculture, à l'industrie et au commerce de faire circuler leurs produits dans tous les pays, de réaliser ainsi de plus importants bénéfices et par conséquent de transformer leur situation.

Création de nouveaux ports de commerce, de lignes maritimes, mettant notre commerce, notre industrie en rapports fréquents avec le monde entier ; donnant à la France par les expositions universelles une influence et une prépondérance que personne n'aurait osé rêver ; donnant un appui absolu au percement de l'isthme de Suez, ce que l'Angleterre nous envie et nous enviera toujours. — Amélioration des routes et des canaux ; — construction de nombreuses maisons d'école ; — création des cours d'adultes, des médecins cantonaux ; — propagation des Sociétés de secours mutuels, des concours régionaux ; concours et appui complets pour toutes les questions de philanthropie. — Création de la caisse des retraites pour la vieillesse, des caisses d'assurance ouvrière, des asiles de convalescence, des aumôniers des dernières prières. En un mot s'il me fallait rappeler tout le bien fait et réalisé par ce souverain, dont on a voulu faire un monstre, il y aurait un bien gros volume à écrire, tout en restant dans la plus stricte vérité.

Vous souvenez-vous de cet homme quittant tout, en 1856 et en 1866, pour se rendre sur le théâtre et au milieu des désastres causés par les terribles inondations de la Loire et du Rhône, et ne voulant laisser à personne le droit de porter des secours et des consolations à toutes les victimes faites par ce fléau contre lequel toute lutte est impossible ?

Il est un fait que l'histoire inscrira en lettres d'or, malgré toutes les calomnies déversées par les ennemis de Napoléon, C'EST LA REMISE DE SON ÉPÉE POUR ARRÊTER L'EFFUSION D'UN SANG PRÉCIEUX ET POUR ÉPARGNER L'INVASION D'UNE PLUS GRANDE PARTIE DU TERRITOIRE FRANÇAIS. Ce fait, croyez-le, sera, par l'histoire, CONSIDÉRÉ COMME LE PLUS GRAND ACTE DE LA VIE DE CE SOUVERAIN.

Qu'il me soit permis de dire quelques mots sur l'Impératrice, cette femme contre laquelle toutes les horreurs possibles ont été inventées, contre laquelle Messieurs du 4 Septembre ont laissé publier toutes les caricatures les plus obscènes, les écrits les plus orduriers et les plus mensongers.

Parmi ces hommes qui s'étaient si honteusement emparés du pouvoir, il ne s'en est pas trouvé un seul qui se soit souvenu qu'il avait une femme, une fille, une mère ou une sœur, pour arrêter la publication de semblables infamies. Non, ils avaient tous cessé d'être Français et hommes pour devenir ou rester républicains !!!

Mais vous, ouvriers des villes et des campagnes, vous n'avez pas oublié cette souveraine laissant fils, mari et trône, pour voler au secours des malheureux cholériques d'Amiens; vos cœurs entendent encore ces magnifiques paroles prononcées par l'Impératrice lorsque, interpellée par une malade qui se mourait, une sœur voulut éviter à Sa Majesté une triste corvée, l'Impératrice répondit : LAISSEZ, MA SOEUR; NE SUIS-JE DONC PAS SA SOEUR ?

Rappelez-vous cette jeune femme acceptant du Conseil municipal de Paris la somme de six cent mille francs, destinée à une acquisition de diamants, à la condition que cette somme serait consacrée par Elle à des œuvres de bienfaisance. De là, création d'un hôpital dans le faubourg Saint-Antoine, pour les enfants malades; d'un asile placé sous le patronage du Prince Impérial ; d'une maison d'accouchement pour les femmes d'ouvriers ; d'un établissement de bains de mer pour les enfants d'ouvriers dont la santé réclamait ce tonifiant ; d'un ouvroir pour les femmes et filles d'officiers sans fortune, et tant d'autres établissements dont les noms m'échappent.

Deux faits que vous ignorez et que je tiens à porter à votre connaissance parce qu'ils vous montreront à nu le cœur de cette femme dont on a dit tant de mal.

L'Impératrice Eugénie s'est assurée sur la vie, aux quatre grandes compagnies françaises, pour une somme de DEUX MILLIONS DE FRANCS *au profit des pauvres de Paris.* — En 1872, le 10 novembre, elle vendit à Londres, moyennant *le prix de quatre mille francs, quatre aquarelles faites par elle* afin de pouvoir, à l'occasion du

5 *novembre*, envoyer un souvenir aux établis-
ements de charité placés précédemment sous
on patronage.

Vous connaissez maintenant la femme que
es hommes du 4 septembre ont laissé traîner
ans la boue et vous pouvez juger si elle est
igne du respect de tous les Français.

Pour terminer ces quelques lignes il est in-
ispensable de porter à votre connaissance le
notif réel de la haine des républicains contre
es bonapartistes.

En février 1871, un projet de loi électorale fut
réparé par M. Casimir Fournier, ancien avo-
at à la cour de cassation, républicain cuirassé,
hef du cabinet de M. Ernest Picard, alors mi-
istre de l'intérieur. Ce projet avait été élaboré
ar MM. Thiers, Ernest Picard, Hérold, Jules
Favre, Jules Ferry, Casimir Périer, Calmon et
utres hommes d'Etat, et il consistait à exiger
ingt-cinq ans d'âge, trois ans de résidence et
a justification de ses capacités électorales, c'est-
à-dire prouver que l'on sait lire et écrire, pour
ouvoir voter. Ce projet était entièrement écrit

de la main de M. Casimir Fournier, homme dont le talent était très-apprécié par les personnages ci-dessus nommés.

Les bonapartistes ayant, acquis la certitude que ce projet serait présenté à l'Assemblée, déclarèrent de la façon la plus absolue que l'on ne toucherait pas au suffrage universel ; que ce droit, le peuple l'avait payé assez cher pour le respecter, et que par tous les moyens possibles, ils défendraient ce bien populaire dont les républicains font si bon marché aujourd'hui qu'ils sont au pouvoir.

Oui, ouvriers des villes et des campagnes, nous saurons faire respecter ce droit sacré, et vous nous trouverez toujours avec vous pour sa défense ; et tant que l'un des nôtres sera debout, il fera son devoir pour s'opposer à un nouveau crime de lèse-nation.

CHRISTIAN FYNNA.

Paris, 15 août 1875.

1911. Paris. — Imp. Richard-Berthier, 18-19, pass. de l'Opéra